30분에 읽는 하버드 비즈니스 바이블

피터 드러커의 자기경영 바이블

**Harvard
Business
Review**
Press

30분에 읽는 하버드 비즈니스 바이블

피터 드러커의 자기경영 바이블
목표를 달성하는 경영자의 자기관리 원칙

초판 발행 2019년 7월 1일

발행처 유엑스리뷰 | 발행인 현호영 | 지은이 피터 드러커 |
옮긴이 김미선 | 주소 서울 마포구 백범로 35 서강대학교 곤자가홀 1층 | 팩스 070.8224.4322 |
등록번호 제333-2015-000017호 | 이메일 uxreviewkorea@gmail.com
ISBN 979-11-88314-23-2
시리즈 ISBN 979-11-88314-19-5

Managing Oneself: The Key to Success by Peter Ferdinand Drucker

피터 드러커의
자기경영 바이블

MANAGING ONESELF

목표를 달성하는 경영자의 자기관리 원칙

피터 드러커 지음
김미선 옮김

유엑스 리뷰

〈하버드 비즈니스 리뷰〉는 1922년 창간 이후 경영 방식에 놀라운 변화를 일으킨 수많은 아이디어의 주요 원천이 되어 왔으며, 그중 대다수가 오늘날까지 언급되며 경제와 경영 전반에 걸쳐 영향을 주고 있다. 그리고 이제는 이 시리즈가 발간되어 그 중요한 글들이 여러분의 서재에 오래도록 남을 수 있게 되었다. 이 시리즈는 발간될 때마다 최고의 실행 전략을 만들어내고 전 세계의 셀 수 없이 많은 경영자들에게 영감을 불어넣어 주었으며, 오늘날 여러분이 비즈니스에 대해 생각하는 방식을 바꿔놓을 놀라운 아이디어를 전하고 있다.

차례

2부 무엇이 효과적 리더를 만드는가

옮긴이 서문

현대 경영학의 아버지로 널리 알려진 피터 드러커는 조직 경영 실천을 끊임없이 화두에 올리고 건전한 인간사에 활력을 부여한 인물이기도 하다. 이 책에는 피터 드러커의 스테디셀러인 《자기경영(Managing Oneself)》과 〈무엇이 효과적 리더를 만드는가(What makes an Effective Executive)〉의 핵심 내용이 소개되며, 두 저서가 한 권으로 엮인 종합판으로 나오는 것은 이번이 처음이다.

이 책에 실린 두 고전은 동전의 양면과 같이 서로 다른 접근법을 보여준다. 첫 번째는 좀 더 집중력 있고 생산성을 높일 수 있도록 스스로를 관리하는 방법이고, 두 번째는 불필요한 방해요소와 업무를 없애도록 돕는 방법이다. 내용은 다르지만 결국 추구하는 바는 훌륭한 리더가 되기 위한 전략과 실천이다.

　첫 번째 방법은 그 중요성이 점점 커지고 있다. 우리가 각자 기나긴 커리어의 궤적에 오르면서 오롯이 스스로에게 책임을 져야 하기 때문이다. 인적자원 개발이라는 개념도 점차 퇴색되고 있다. 즉 직장 생활이 길어지고 변수도 많아지면서 결국 우리가 스스로 경력을 관리해야 한다는 말이다. 여기서 중요한 열쇠는 자신을 가장 빛나게 해주는 장점과 가장 처치 곤란한 약점을 알아내며 스스로를 깊이 이해하는 것이다. 동료들에게 자신이 배우는 방법과 다른 이들과 일하는 방식을 분명히 표현하고 자신이 가장 소중히 여기는 가치관도 명확하게 밝혀야 한다. 그리고 자신이 가장 크게 기여할 수 있는 업무 환경을 설

명할 줄 알아야 한다.

오직 자신의 강점과 스스로 습득한 지식을 함께 적용해야만 뛰어난 업무성과를 내고 이를 오래도록 유지할 수 있다. 《자기경영(Managing Oneself)》은 스스로에게 물어야 하는 질문을 담고 있는데 이를 통해 자신의 커리어를 책임질 때 필수적인 통찰력을 얻을 수 있다.

두 번째 장에서는 즉 유능한 경영진이 되는 법에 대해 다루며 조직에 필요한 경영자가 되기 위한 방안과 노하우를 담고 있다. 자신이 어느 지점에 시간과 노력을 써야 하고 어떻게 다른 이들을 도와야 할지 모른다면, 사기업이나 비영리 기관을 성공적으로 운영하리라는 기대를 버려야 한다. 여기서 드러커는 가장 시급한 사안에 집중하는 법을 보여주고 오직 여러분만이 할 수 있는 일의 기틀을 마련해준다.

전체적으로 이 책에서 제시하고 강조하는 것은 유능한 경영자가 되기 위한 자기관리의 원칙들이다. 너무나 당연하게도, 경영자의 자기경영은 기업의 성패를 결정짓는 요인이지만, 뚜렷한 방법과 실천 지침을 경영과 관련지어 체계적으로 알려준 것은 이 책이 처음이었다. '자기경영'이라는 생소하면서도 본질적인 전략을 다룬 이 고전은, 독자 여러분이 한 사업체의 사장 또는 직원으로 더욱 성장하고 더 나은 미래를 꿈꾼다면 꼭 익혀야 할 것들을 전수한다.

여러분이 자기 자신을 경영하든 남을 경영하든, 시간을 초월한 피터 드러커의 통찰과 지혜는 여러분이 지식을 얻고 그 지식을 실용적이며 유용한 실행으로 옮기는 데 큰 깨달음을 줄 것이다.

시대를 뛰어 넘는
피터 드러커의 경영 철학

현대 경영을 조금이라도 공부했거나 비즈니스에 종사하는 사람들 중에 피터 드러커를 모르는 이는 아마 없을 것이다. '마케팅'이나 '지식 노동자'와 같은 경영 관련 용어를 만들어낸 피터 드러커는 누구보다도 앞선 시각으로 현대 경영학을 이끌었으며, 현재까지 비즈니스 업계에 가장 큰 영향을 미친 인물이라 해도 과언이 아니다. 그가 세상을 떠난지 벌써 십여 년이 훌쩍 지났지만 여전히 그의 저서는 꾸준히 출간되어 읽히고 있으며 현대 경영학의 아버지로서 오늘날의 경영인들에게 여전히 멘토 역할을 톡톡히 하고 있다.

1909년 오스트리아에서 경제학자이자 공무원인 아버지와 의사 출신의 어머니 사이에서 태어난 피터 드러커는 어릴 때부터 오스트리아의 유명한 경제학자들과 의사들을 만나며 자연스럽게 경영학에 입문하게 된다. 하지만 책 본문에서 일부 인물들에게 학교는 따분한 곳이었다고 언급했듯이, 본인 역시 학교에는 큰 흥미가 없었던 모양이다. 부친의 반대에도 불구하고 고등학교 졸업 후 한 수출회사에 들어가 견습생으로 일을 시작했다고 한다. 그러나 결국 함부르크 대학교 법과대학에 들어가 법학 공부를 했고 프랑크푸르트 대학교에서 박사학위를 받았다.

1933년 히틀러의 나치정권이 들어서자 영국 런던으로 이주한 드러커는 보험회사 및 은행 등 주로 금융회사에서 일을 했다. 여기서 세계적인 경제학자인 케인즈의 강의와 세미나를 들으면서 많은 영향을 받았다. 1937년 미국으로 건너

간 뒤에는 미국 신문사에 글을 기고하며 대학 강사로 활동하였는데 이때 《경제인의 종말: The End of Economic Man, 1939》을 출간하며 본격적으로 경영학 저서를 쓰기 시작한다. 또한 2차 세계대전으로 폐허가 된 유럽을 재건하기 위한 계획의 일환인 '마셜 플랜'에 조언을 주었으며 1942년 베닝턴 대학교 교수가 된 후 미국 정부의 자문 위원으로 활약했다. 그 이후로도 세계 유수의 대학과 기업에서 자신의 경영 철학을 강의하며 현대 경영학을 창시한 경제학자로 칭송받았다.

피터 드러커가 자기 관리 방법으로 제시했던 방법 중 가장 잘 알려진 '피드백 분석'은 오늘 날 많은 경영인들에게 '필독 참고서'와 다름없다. 드러커가 18세 때 도서관에서 책을 읽다가 우연히 알게 되었다는 피드백 분석은 칼빈파와 예수회가 유럽 기독교 사회를 불과 30년 안에 지배하게 된 비책으로, 자기를 있는 그대로 관찰하고 이를 바탕으로 자신의 진실한 모습과 강점을 알아내는데 효과적이다. 그런데 흥미롭게도 이 '피드백 분석'은 비단 비즈니스뿐만 아니라 실생활 여러 방면에서도 쓰일 수 있다.

이를 테면 자녀에게 좋은 습관을 심어주고 스스로 발전하도록 독려하고 싶을 때 노트를 한 권 주며 일주일간 자신의 성과와 그 다음 목표를 쓰도록 한다. 그리고 다른 한 권에는 부모가 아이의 글에 대한 감상과 기대하는 바를 써서 보여준다. 이렇게 꾸준히 하다보면 아이 자신이 발전하는 과정을 눈으로 확인하고 스스로 성장하고자 노력하게 될 것이다. 사실 이 방법은 드러커의 어린 시절 은사였던 엘자 선생님이 어린 드러커가 쓴 노트에 대한 감상과 다음 주의 기대 사항을 써주며 드러커가 성장하도록 발판을 만들어준 바로 그 비법이기도 하다.

이 책에는 피드백 분석뿐만 아니라 자신의 성향과 가치관 파악하기 등, '자기 관리' 측면에서 많은 이들에게 영감을 주는 피터 드러커의 철학이 고스란히 담겨 있다. 또한 후반부의 '효과적인 경영 전략'은 이러한 철학을 바탕으로 실제 경영에서 적용할 수 있는 실용적 방법이 일목요연하게 담겨있다. 이 책은 피터 드러커가 그간 출간한 책의 핵심만 모았기 때문에 어렵지 않게 접근

하고 이해할 수 있다는 장점이 있다. 이미 이 세상에 출간된 지 오래된 이론서이지만, 독자 여러분은 이 책을 통해 피터 드러커의 경영 철학이 왜 비즈니스의 정석이자 고전으로 평가받는지 알게 될 것이다.

1부

자기경영 전략

나폴레옹이나 레오나르도 다빈치, 모차르트와 같이 역사적으로 위대한 업적을 이룬 인물들은 자기경영에 탁월한 능력을 발휘했다. 대다수가 그러한 능력으로 흔히 말하는 위인이 되었다고 해도 과언이 아니다. 그러나 이들은 어쩌다 나타나는 예외일 뿐, 재능과 업적 면에서 평범한 사람들은 넘을 수 없는 벽으로 치부되기 일쑤였다. 하지만 이제 능력이 보잘것

없는 우리도 자신을 관리하고 계발하는 방법을 배워야 한다. 지대한 공을 세울 수 있는 곳에 자기 자리를 마련할 줄 알아야 하고, 50년이나 지속되는 직장 생활 동안 정신 바짝 차리고 자신의 일에 임해야 할 것이다. 즉 언제, 어떻게 자신의 업무에 변화를 주어야 할지 알아야 한다는 말이다.

나의 강점은 무엇인가?

대부분의 사람들은 자기가 무엇을 잘 하는지 안다고 생각한다. 하지만 대체로 잘못 알고 있다. 또 그보다 많은 사람들이 자신이 무엇을 못하는지 안다고 여긴다. 그것도 틀렸다. 어쨌든 사람은 자신의 강점 위에서 더욱 능력을 발휘하는 법이다. 전혀 잘하지 못하는 분야는 물론이고 본인에게 약한 분야에서는 좋은 성과를 만들어낼 수 없다.

과거에는 사람들이 자신의 강점을 알 필요가 별로 없었다. 태어날 때부터 이미 먹고 살거리가 정해져 있었기 때문이다. 농부의 아들은 농부가 되고, 장인의 딸은 장인의 아내가 되는 식이었다. 그러나 오늘날에는 각자 선택권이 있다. 따라서 어떤 분야에서 일할지 정하려면 자신의 강점이 무엇인지 알아야 한다.

　　자신의 강점을 알아낼 수 있는 유일한 방법은 '피드백 분석'뿐이다. 중요한 결정을 내리거나 결정적인 행동을 해야 할 때마다 어떤 일이 일어날지 예상하여 기록해 놓자. 9개월 또는 12개월 뒤에 실제 일어난 결과와 자신이 적은 기록을 비교해 본다. 나는 이러한 방식을 15년에서 20년 동안 꾸준히 실천해 왔는데, 그 결과는 무척 놀라웠다. 이를테면 피드백 분석으로(정말 엄청나게 놀랍기 그지없다) 내가 엔지니어라든지 회계사, 시장조사원과 같은 전문직을 직관적으로 이해한다는 것을 알게 되었다. 반대로 다방면에 많이 아는 사람들과는 그다지 통하는 바가 없었다.

피드백 분석은 결코 새로운 방식이 아니다. 대략 14세기경에 무명의 독일 신학자가 고안한 뒤 150년 정도 뒤에 존 칼빈(John Calvin: 프랑스의 종교 개혁자이자 장로교 창시자 - 옮긴이)과 로욜라(Ignatius Loyola: 스페인의 신학자이자 예수회 창시자 - 옮긴이)가 개별적으로 쓰다가, 그들의 후계자들에 이르러서 한 방법으로 통합되었다. 수행과 결과에 꾸준히 집중했던 이러한 습관이야말로 칼빈파와 예수회가 불과 30년 안에 유럽 기독교를 지배하게 된 주요 원동력이었다.

이렇게 단순한 방법을 꾸준히 연습을 하다 보면 2, 3년이라는 퍽 짧은 기간 내에 나의 강점이 무엇인지 알게 된다. 이것이야말로 스스로 알아야 할 가장 중요한 사항이다. 여러분도 이 방법을 통해 자신이 하고 있는 일이 무엇인지, 혹은 무엇을 잘못해서 자신의 강점을 제대로 발휘할 수 없는지 알 수 있다. 또한 어떤 특정 부분에서 경쟁력이 떨어지는지도 알게 될 것이다. 마지막으로, 어떤 분야에서 재능이 전혀 없는지, 이로 말미암아 어떤 부문에서 성과를 낼 수 없는지도 알 수 있다.

피드백 분석을 하고 나면 몇 가지 행동 지침 사항이 따라 나온다. 다른 무엇보다도 자신의 강점에 집중하자. 자신이 가장 잘하는 곳에서 능력을 발휘해야 의미 있는 결과가 나온다.

둘째, 자신의 강점을 향상시키려 노력하라. 피드백 분석을 하면 자신이 어떤 기술을 갈고 닦아야 하는지, 어떤 기술을 새로 습득하면 좋을지 금세 알게 될 것이다. 또 내가 가진 지식 사이의 구멍이 보이는데 이는 대개 노력으로 메울 수 있다. 수학자는 타고나지만 삼각법은 누구나 배울 수 있듯이 말이다.

셋째, 지적 허영심 때문에 자신이 모르는 사항을 무시하고 넘겨버릴 수 있는데, 이를 넘어서야 한다. 너무나 많은 사람들, 특히 특정 분야에 크나큰 업적을 남긴 사람들이 다른 분야의 지식을 업신여기거나, 자신의 영민함을 과신해서 충분히 안다고 믿는 우를 범한다. 예를 들어 1급 엔지니어들은 사람들에 대해 무지한 것을 자랑으로 여기는 경향이 있다. 인간은 참된 기술자가 보기에 너무나 무질서한 존재로

보인다. 반대로 인사부에서 일하는 사람들은 기초적 회계나 양적 가치 평가 등을 싸잡아 무시할 때가 있다. 이런 처사는 결국 자기 얼굴에 침 뱉기밖에 되지 않는다. 자신의 강점을 제대로 알아내려면 필요한 기술과 지식을 습득하기 위해 노력해야 한다.

자신의 나쁜 습관을 고치려는 노력 역시 매우 중요하다. 나쁜 습관은 일의 효율과 성과를 떨어뜨리는 주범이다. 그러한 버릇 역시 피드백 분석으로 잘 나타난다. 어떤 이는 피드백 분석을 했다가 자신이 멋지게 설계한 계획이 결국 실패로 끝난 이유가 계획을 제대로 따르지 않았기 때문임을 알게 되었다. 여느 똑똑한 사람들이 그러하듯, 그도 아이디어 자체가 산을 움직일 거라 생각했다. 하지만 산을 움직이는 것은 불도저이다. 아이디어는 그저 불도저가 어느 방향으로 움직여야 하는지 알려주는 이정표에 지나지 않는다. 이 계획자는 계획이 완성된다고 해서 일이 끝나는 것이 아니라는 사실을 알아야 했다. 일단 계획을 세웠다면 실행에 옮겨줄 사람들을 찾아 소상히 설명해야 한다. 또 실행에 옮겼다면 그때그때 상황에 맞추어 계획을 수정할 줄 알아야 한다. 마지막으로 계획한 일을 언제 끝마쳐야 하는지 적절한 때를 결정해야 한다.

또 다른 사례로 피드백 분석 결과, 예의가 부족해서 문제가 생겼다는 사실을 알 된 경우도 있다. 예의범절은 조직에서 윤활유 같은 역할을 한다. 움직이는 두 개의 물체가 서로 접촉할 때 마찰이 일어나는 것은 자연스러운 현상이다. 무생물과 마찬가지로 인간에게도 이러한 법칙이 적용된다. "OO을 해주시

겠어요?" 나 "고맙습니다"처럼 단순한 인사를 건네고 상대방의 이름이나 가족에 대해 묻는 등 별것 아닌 말이 두 사람이 함께 일하는 데 큰 도움이 된다. 그 두 사람이 상대를 어떻게 생각하든 상관없이 말이다. 똑똑한 사람들, 특히 젊은 사람들이 이 법칙을 좀처럼 이해하지 못한다. 업무 능력이 뛰어난데도 다른 이들과 협동이 요구되는 업무에서 종종 실패했다면 원인은 공손하지 못했기 때문일 가능성이 크다. 다시 말해 예의가 부족했던 것이다.

자신이 했던 예상과 그 결과를 비교해보면 무엇을 하지 말아야 하는지도 알 수 있다. 우리에게는 타고난 재능이나 기술이 전혀 없는 분야가 매우 많다. 이 분야에서는 아무리 노력한들 중간도 가기 힘들다. 특히 지식 노동자의 경우 이러한 분야에서 작업을 맡으면 안 된다. 경쟁력이 떨어지는 분야를 끌어 올리겠다고 나서는 것은 그저 노력 낭비일 뿐이다. 경쟁력이 없는 분야에서 중간 수준에라도 도달하려 노력하는 것이 자신이 잘하는 분야에서 으뜸가는 위 치로 올라가는 것보다 훨씬 힘들다. 그런데도 대부 분의 사람들, 특히 교사들이나 조직에 있는 사람들 이 없는 경쟁력을 중간으로 올리려고 무던히 애를 쓴다. 에너지와 자원, 시간은 경쟁력 있는 분야에서 스타로 발돋움하는 데 써야 한다.

어떻게 일을 할 것인가?

의외로 자신이 어떻게 업무를 하는지 아는 사람들은 많지 않다. 게다가 우리들 대부분은 사람들의 일하는 방식이 각기 다르다는 사실조차 모른다. 그 결과 너무나 많은 사람들이 자신과 맞지 않는 방식으로 일을 하는데, 단언컨대 이렇게 해서는 업무 성과를 낼 수 없다. 어쩌면 지식 노동자에게는 '나는 어떻게 일을 하는가?'라는 질문이 '나의 강점은 무엇일까?'라는 질문보다 훨씬 중요할지도 모른다.

강점과 마찬가지로 업무 방식은 각자의 개성이 뚜렷한 분야이다. 이는 성격에 따라 달라진다.

선천적이든 후천적이든, 개개인의 일하는 스타일은 일을 시작하기 훨씬 이전에 형성된다. 그리고 사람이 '어떻게' 업무를 수행하는지는 그가 '무엇을' 잘하고 못하는지와 같이 타고나는 것이다. 어떤 이가 업무를 수행하는 방식을 조금 수정할 수는 있어도, 그 방식을 완전히 뒤바꾸어 놓을 수는 없다. 이는 당연한 것이다. 자신이 잘하는 분야에서 의미 있는 결과를 얻어낼 수 있듯이 업무 성과를 가장 잘 낼 수 있는 방식으로 일할 때 최상의 결과를 얻을 수 있기 마련이다. 대개 업무 방식은 몇 가지 일반적인 성격 특성들로 결정된다.

나는 읽는 성향인가,
듣는 성향인가?

첫 번째로, 본인이 읽는 성향인지, 듣는 성향인지를 파악해야 한다. 너무나 많은 사람들이 이러한 성향이 있다는 사실조차 모르고, 두 성향 모두 지니고 있는 사람도 드물다는 사실도 모른다. 또 자신이 어느 성향에 속해 있는지 아는 사람은 더더욱 적다. 하지만 이러한 성향을 무시할 때 얼마나 큰 악영향을 미치는지 보여주는 사례가 있다.

드와이트 아이젠하워(Dwight Eisenhower: 미국의 군인이자 정치가. 미국의 34대 대통령. 제2차 세계대전 당시 노르망디 상륙작전을 성공하여 연합군의 승리를 이끌어냄-옮긴이)는 유럽 연합군의 최고사령관이었을 당시 언론이 매우 좋아하던 인물이었다. 아이젠하워의 기자 간담회는 그 특유의 스타일 덕에 항상 유명세를 몰고 다녔다. 아이젠하워 장군은 무슨 질문이 나오든 능수능란하게 대처하였으며, 유려하게 다듬어진 두세 문장만으로 당시의 상황과 자신의 정책을 잘 설명했다.

10년이 흐른 후, 아이젠하워를 따르던 기자들은 그가 대통령이 된 후 공공연하게 비난을 퍼부었다. 아이젠하워는 기자들의 질문에 제대로 대답한 적이 없다는 불평을 받았지만, 그런데도 대답은 항상 삼천

포로 빠지며 웅얼댈 뿐이었다. 또 앞뒤가 맞지 않고 문법적으로 옳지 않은 말을 써서 표준어를 망쳐놓고 있다는 조롱에 시달렸다.

아이젠하워는 자신이 듣는 성향이 아닌 읽는 성향이라는 사실을 알지 못했다. 그가 유럽 연합군의 최고사령관이었을 때, 보좌관들은 기자 간담회가 열리기 최소 30분 전에 기자들에게 질문을 미리 써서 내도록 했다. 이렇게 해서 아이젠하워는 기자 간담회를 능력껏 장악했다. 그는 대통령이 된 후 듣는 성향을 가진 두 전직 대통령이었던 프랭클린 루스벨트와 해리 트루먼을 따랐다. 두 대통령 모두 자신이 듣는 성향이라는 것을 잘 알고 있었기 때문에 둘 다 각본이 없는 기자간담회를 즐겼던 터였다. 아이젠하워는 자신도 두 전직 대통령이 하던 대로 해야겠다는 생각이 들었을지도 모른다. 결론적으로 그는 기자들이 묻는 질문을 제대로 듣지 않았다. 그리고 자신이 듣는 성향이 완전히 아니라는 사실도 전혀 알지 못했다.

몇 년 뒤, 미국의 36대 대통령이었던 린든 존슨(Lyndon Johnson)은 자신이 듣는 성향이라는 것을 몰라서 대통령직을 망치고 말았다. 그의 전임자였던 존 케네디는 읽는 성향으로, 달필로 유명한 작가들을 자신의 참모로 불러와 면대 면으로 논의에 들어가기 전에 미리 글을 써오도록 했다. 존슨은 이 사람들을 계속 고용하여 전처럼 글을 쓰도록 했지만 참모들이 쓴 글을 단 한 글자도 이해하지 못했다. 그래도 상원의원으로서 존슨은 매우 훌륭했다. 의회에서는 그 누구보다도 듣는 성향이 강해야 했기 때문이다.

　듣는 성향이 타고난 사람들은 읽는 성향으로 거듭나기 매우 어렵다. 반대도 마찬가지이다. 따라서 듣는 성향을 읽는 성향으로 바꾸려는 사람들은 린든 존슨의 전철을 밟고 고통을 겪게 된다. 마찬가지로 읽는 성향의 사람들이 듣는 성향으로 바꾸려다가는 드와이트 아이젠하워처럼 괴로움을 맛볼 수밖에 없다. 업무를 제대로 수행할 수도 없고 성과도 나지 않는다.

어떻게 배울 것인가?

내가 어떻게 업무를 수행하는지 알기 위해 두 번째로 알아야 할 사항은 어떻게 배우느냐이다. 으뜸가는 문장가들, 이를테면 윈스턴 처칠과 같은 사람들은 학교에서 형편없는 평가를 받았다. 그들은 학교생활이 완전히 고문이나 다름없었다고 회고하곤 한다. 그들의 급우들 몇몇도 같은 방식으로 기억한다. 그들은 학교생활이 그다지 즐겁지 않았지만, 그중에서도 그들을 가장 괴롭힌 것은 지루함이었다. 여기서 보건대 일반적으로 작가들은 듣거나 읽으면서 배우지 않는다는 규칙이 성립한다. 그들은 쓰면서 배운다. 학교는 이런 방식의 배움을 허용하지 않으므로, 학교에서 좋은 점수를 받을 리 만무하다.

학교는 장소를 막론하고 배움으로 가는 올바른 길은 딱 하나이고 누구나 그 길을 똑같이 따라야 한다는 전제 하에 조직된다. 하지만 교사들이 그렇게 한결같이 아이들에게 가르쳐봤자 다른 방식으로 배우는 아이들에게는 지옥이나 다를 바 없다. 게다가 무릇 배우는 방법은 수 십 가지 다른 방법이 있게 마련이다.

어떤 이들은 처칠처럼 쓰면서 배우기도 한다. 어

떤 이들은 어마어마하게 필기를 하면서 배운다. 예를 들어 베토벤은 방대한 양의 스케치를 남겼지만 정작 작곡할 때에는 쳐다보지도 않았다. 누군가가 왜 스케치를 남겼냐고 묻자 이렇게 대답했다고 한다.

"그 즉시 써놓지 않으면 나는 바로 잊어버립니다. 스케치북에 기록을 남겨놓으면 절대 잊어버릴 일도 없고 다시 찾아볼 필요도 없지요."

어떤 사람들은 무언가를 하면서 배운다. 다른 사람들은 혼자 중얼중얼하며 배운다. 내가 아는 어떤 기업의 수장은 중소 가족 기업을 그 분야에서 가장 잘나가는 기업으로 탈바꿈한 인물인데, 이야기를 하면서 배운 사람 중 하나였다. 그는 일주일에 한 번씩 고위 간부들을 자기 사무실로 몽땅 불러 모아 두세 시간 이야기를 했다. 정책 이슈를 안건에 올려 세 가지 다른 입장에 대해 논쟁을 벌이곤 했다. 그는 동료들에게 의견이나 질문을 묻는 법이 거의 없었다. 그냥 자기가 하는 말을 들어줄 사람이 필요했을 뿐이다. 그게 그가 배우는 방식이었다. 이는 퍽 극단적인 경우이긴 하지만, 이야기를 하면서 배우는 법은 결코 드문 방식이 아니다. 출세한 법정 변호인도 같은 방법으로 배운다. 수많은 의학진단의 역시 마찬가지이고(나도 그렇다).

자기 이해에 관해 무엇보다도 가장 중요한 사실은, 내가 어떻게 배우는지 알아내는 일이 가장 쉽다는 것이다. 내가 사람들에게 '어떻게 배우십니까?'라고 물으면 대부분의 사람들은 쉽게 대답한다. 하지만 내가 '그렇게 쌓은 지식을 활용하십니까?'라고 물으면 제대로 대답하지 못한다. 그러나 그 지식을 활용하는 것이야말로 업무를 수행하는 데 가장 중요한 요건이다. 정확히 말하자면 자신이 쌓은 지식을 활용하지 않으면 업무 성과를 내지 못하는 귀책사유가 되고 만다.

나는 읽는 성향인가, 듣는 성향인가? 그리고 나는 어떻게 배우는가? 이들이 질문해야 할 첫 번째 사항이다. 그러나 그것만이 유일한 질문거리는 아니다. 자기경영을 효율적으로 하려면 또 물어야 한다. 나는 사람들과 더불어 일을 하는 성향인가, 아니면 혼자 일하는 성향인가? 그리고 사람들과 일할 때 더 잘한다면, 어떤 관계에서 말인가?

어떤 이들은 부하의 위치에서 일을 가장 잘한다.

제2차 세계대전에서 명장으로 불리었던 조지 패튼 (George S. Patton) 장군이 대표적인 예이다. 패튼 장군은 미국군의 총사령관이었다. 그러나 그가 독자적으로 군을 통솔하라는 제안을 받았을 때, 미 육군 참모총장이었던 조지 마셜(George Marshall) 장군(아마도 미국 역사상 인재를 가장 잘 뽑는 사람이 아닐까 한다)은 이렇게 말했다.

"패튼은 미군이 배출한 부하 장교 중 가장 훌륭한 인물이다. 그러나 지휘관으로는 최악일 것이다."

어떤 이들은 팀원의 일원으로서 가장 훌륭하게 일을 한다. 다른 이들은 혼자 일할 때 성과가 가장 좋다. 누군가는 코치나 고문으로서 유례없이 훌륭한 재능을 뽐낸다. 반대로 그러한 재능이 떨어지는 사람도 있다.

우리가 결정권자일 때 최상의 결과물을 내는가, 아니면 조언을 하는 입장일 때 그러한가? 이는 또 다른 중요한 질문이다. 수많은 위대한 인물들이 조언자로서 가장 좋은 성과를 내었지만 막상 결정을 내려야 하는 자리에서는 부담감을 견디지 못했다. 반대로 다른 훌륭한 사람들 가운데서는 자신의 생각을 밀어붙일 수 있는 조언자가 필요하다. 그래야 결정을 내리고 자신감과 용기를 얻어 일에 속도를 높일 수 있다.

한편, 이러한 이유로 조직 안에 있던 이 인자가 일인자의 자리로 승진할 때 실패를 겪는 경우가 자주 생긴다. 가장 높은 자리에 오르려면 결정 능력을 지녀야 한다.

강한 결정권자들은 자신이 신뢰하는 사람을 조언자로서 이 인자의 위치에 올려놓기도 한다. 그리고 그 자리에서 이 인자는 뛰어난 능력을 발휘한다. 그러나 꼭대기의 위치에 올라서면 실패하고 만다. 결정권자는 자신의 결정에 책임을 지어야 하지만 이 인자는 실제 그 역할이 주어지면 책임을 지지 못한다.

다른 중요한 질문으로는 나는 스트레스를 받으면서도 업무를 잘 수행하는가, 아니면 잘 짜여 있고 예측 가능한 환경 안에서 일하기를 선호하는가이다. 나는 큰 조직과 잘 맞을까, 아니면 작은 조직을 좋아할까? 모든 조건에 딱딱 들어맞는 사람은 거의 없다. 나는 큰 조직 안에서 몇 번이고 성공을 맛보다가 작은 조직에 들어가서 보기 힘들 정도로 곤두박질 친 경우를 수 없이 보았다. 그리고 반대도 똑같다.

결론은 반복된다. 자신을 바꾸려 하지 말라. 그러면 성공하기 힘들다. 그저 자신이 하는 방식대로 열심히 일해야 한다. 그리고 자신이 잘 하지 못하는 방식으로 일하려 하지 말라. 결국 형편없는 결과만 낳을 뿐이다.

나의 가치관은 무엇인가?

자기경영을 제대로 하기 위하여 물어야 할 마지막 질문이 있다. 나의 가치관은 무엇인가? 이것은 윤리 문제가 아니다. 윤리로 말할 것 같으면 윤리 규범은 누구에게나 적용된다. 그리고 이에 관한 테스트가 단 하나 있다. 나는 그 그것을 '거울 테스트'라고 부른다.

20세기 초, 강대국들 중에서도 가장 많은 존경을 한 몸에 받던 사람은 영국에 주재하던 독일 대사였다. 그는 연방 수상은 되지 못하더라도 필시 자신의 나라를 대표하는 외교관이 될 운명이었다. 그러나 1906년 그는 당시 영국의 국왕이었던 에드워드 7세를 위한 연회를 주재하지 않고 돌연 사임해 버렸다. 왕은 여성 편력이 많기로 악명 높았기 때문에 연회 역시 어떤 식으로 진행되기 바랄지는 자명했다. 그 대사는 이를 두고 이렇게 말했다고 한다.

　　"아침에 면도를 할 때 거울 속으로 매춘 알선업자가 보이는 게 싫습니다."

　　이것이 거울 테스트이다. 윤리는 스스로에게 물어보길 요구한다. 아침에 거울을 바라볼 때 어떤 사람으로 비치길 원하는가? 어떤 조직이나 상황에서 무엇이 윤리적 행동이며 다른 분야에서는 어떻게 다를까? 그러나 윤리는 가치 체계 중 일부일 뿐이다. 특히 조직에서는 더욱 그렇다.

본인이 일하는 조직의 가치 체계가 받아들이거나 공존할 수 없을 때 돌아오는 것은 좌절과 실적 부진뿐이다.

매우 큰 성공을 거둔 인사과 임원의 경험을 예로 들어보자. 이 임원의 회사는 더 큰 조직에 합병되었다. 합병 이후 그 임원은 자신이 본래 가장 잘 하던 업무로 승진 배치되었다. 중요한 포지션에 적절하게 사람들을 뽑는 자리였다. 이 임원은 조직 내부에 있는 인원 중에서 최대한 뽑아내고 그다음에 외부 인물을 뽑아야 한다고 생각했다. 그러나 새로운 회사는 외부에서 "신진 인력"을 우선 찾아봐야 한다고 주장했다. 두 가지 접근법 모두 일리가 있다. 내 경험으로는 두 가지 모두 어느 정도 하는 것이 적절하다. 그러나 그 두 방법은 근본적으로 양립할 수 없다. 정책이 그렇다는 말이 아니라 가치를 어디에 두느냐가 다르다는 얘기다. 이들은 조직과 사람 사이의 관계를 다른 관점으로 본다는 사실을 시사한다.

조직이 사람들과 사람들이 발전하는 데 어느 선까지 책임이 있는가 하는 문제에는 다른 관점이 존재한다. 그리고 사람이 회사에 기여하는 역할 중 무엇이 가장 중요한지도 관점이 다르다. 그 임원은 몇 년간 좌절을 겪고 난 뒤, 결국 크나큰 경제적 손실을 안고 사임하고 말았다. 그녀의 가치와 조직의 가치가 그저 맞지 않았기 때문이었다.

비슷한 예로, 어떤 제약 회사가 소소하게 실적을 늘리며 지속적으로 결과물을 얻어낼지, 높은 비용으로 위험률이 높은 "돌파구"를 뚫고 나아갈지는 근본적으로 경제적 문제가 아니다. 둘 중에 어떤 방법을 쓰던 결과는 비슷할 것이다. 실지로는 회사의 기여도를 보는 관점의 문제인데, 즉 의사들이 기존에 하고 있던 일을 더 잘할 수 있도록 도와주는 역할을 하느냐와 중대한 과학적 발견의 발판을 마련하느냐 사이의 충돌인 것이다.

기업이 단기적 성과에 집중할지, 아니면 길게 보고 나아갈지는 가치관의 문제와 다름없다. 금융 전문가들은 두 방법을 동시에 써서 비즈니스를 경영할 수 있다고 여긴다. 성공적인 경영인들은 더 잘 안다. 당연히 모든 회사들은 단기적 성과를 도출해야 마땅하다. 그러나 단기적 성과와 장기적 성장 사이의 기로에서 각각의 회사는 어느 부분에 중점을 둘지 결정할 것이다. 이는 경제성의 충돌 문제가 아니다. 근본적으로 경영의 기능적 측면과 기업의 책임감 사이의 가치관 대립이다.

가치관의 충돌은 비단 조직에서만 해당하지 않는다. 미국에서 성장 속도가 가장 빠른 교회 중 한 곳은 성공의 척도가 새로운 신도의 숫자였다. 교회 간부는 신자들이 새로 얼마나 많이 들어오는지가 가장 중요하다고 보았다. 그러면 하느님은 신도들의 정신적 욕구를 적어도 필요한 만큼은 채워주실 터였다. 또 다른 복음 교회에서는 사람들의 정신적 성장이 중요하다고 생각한다. 그러한 교회는 새로 들어온 신도라도 정신적으로 믿음을 받아들이지 못하면 교회 밖으로 내보낸다.

　다시 한 번 말하지만 이는 숫자의 문제가 아니다. 언뜻 두 번째 교회의 성장이 느리게 보일 수 있다. 그러나 첫 번째 교회의 사례보다 새로운 신도를 더 많이 붙잡아 놓을 수 있다. 다시 말해 두 번째 교회의 성장이 더 견고하다는 뜻이다. 이는 신학적 문제가 아니다. 신학적 문제는 그저 부수적일 뿐이다. 가치관에 관한 문제이다. 한 공개 토론에서 어떤 목사가 이렇게 주장했다.

　"일단 교회에 발을 들여놓지 않으면, 천국으로 가는 문은 절대 찾을 수 없습니다."

"그렇지 않습니다."

다른 목사가 말했다.

"천국으로 가는 문을 찾기 전까지는 교회에 속했다고 볼 수 없지요."

사람들과 마찬가지로 조직도 나름의 가치관이 있다. 조직에서 효율적으로 일하기 위해서는 개인의 가치관과 조직의 가치관이 서로 화합해야 한다. 가치관이 꼭 같을 필요는 없지만 적어도 서로 양립할 수 있을 만큼 가까워야 한다. 그렇지 않으면 개인에게는 좌절만 남고 의미 있는 성과를 낼 수 없다.

개인의 강점과 개개인의 일하는 방식은 웬만하

면 충돌하지 않는다. 둘은 상호보완적이다. 그러나 본인의 가치관과 강점은 때로 충돌하기도 한다. 자신이 어떤 일에 아주 능수능란하고 성공적이라고 해도, 자신의 가치관과 맞지 않을 수 있다. 그러한 경우에는 자신의 일이 일생을 바쳐 일할 가치가 있다고 보이지 않을지도 모른다. (일이 자신에게 상당히 큰 비중을 차지하고 있다고 해도)

잠시 나의 개인적인 사례를 꺼내보고자 한다. 오래전, 나는 내 가치관과 내가 잘 하는 일 사이에서 결정을 내려야 했다. 나는 1930년대 중반에 런던에 있는 투자은행의 전도유망한 인재였고, 나의 적성에도 꼭 맞았다. 그러나 스스로는 자산 관리자로서 공을 세우고 있다고 생각지는 않았다. 나는 사람들이야말로 내가 가장 중요하게 두고 있는 가치라는 것

을 깨달았으며, 무덤에서 으뜸가는 부자가 되어보았
자 의미가 없다고 보았다. 나는 돈도 없었고 취업 전
망도 밝지 않았다. 경제 공황이 지속되었지만 결국
일을 그만두었다. 그리고 그것이야말로 옳은 선택이
었다. 다시 말해 가치관이야말로 가장 궁극적인 시험
대였으며 앞으로도 그래야만 한다.

나는 어디에 속해 있는가?

아주 이른 나이에 자신이 어디에 속하는지 아는 사람들은 많지 않다. 예를 들어 수학자나 음악가, 요리사들은 네, 다섯 살 때 타고난 재능이 드러난다. 의사라면 늦어도 대개 청소년 시기에는 자신의 진로가 결정된다. 그러나 대부분의 사람들, 특히 영재들의 경우 20대 중반이 지나도록 자신이 있어야 할 곳이 어딘지 잘 모른다. 그러나 그 시기에 이르면 그들은 세 가지 질문에 답을 해야 한다. 나의 강점은 무엇인가? 나는 어떻게 업무를 수행하는가? 그리고 나서 그들은 자신이 속하는 곳이 어디인지 결정할 수 있어야 한다.

아니면 그 대신 자신이 속하지 말아야 할 곳이 어딘지를 결정할 수도 있다. 큰 조직 안에서 업무 성과를 제대로 낼 수 없다는 사실을 알게 되었다면 그러한 포지션에서 '아니오'라고 말할줄 알아야 한다. 자신이 결정권자 성향이 아니라는 사실을 알게 된 사람은 어떤 일에 결정을 내려야 할 때 하지 않겠다고 말하는 법을 알아야 한다. 패튼 장군(아마도 스스로 전혀 깨우치지 못했을 듯)은 개별 군대의 수장이 되지 않겠다고 말하는 법을 배웠어야 했다.

마찬가지로 중요하게, 이러한 질문에 대한 대답을 알고 있다면 어떠한 기회나 제안, 임무가 주어졌을 때 제대로 목소리를 낼 수 있다.

"네, 할게요. 하지만 이게 내가 해야 하는 방식이에요. 이 일은 이런 식으로 짜여야 해요. (당신과 나 사이의) 관계는 이런 방향으로 되어야 하고요. 당신이 지금 이 상황에서 내게 기대해야 하는 결과는 이렇게 되어야만 해요. 이게 나이니까요."

성공적인 직장 생활은 계획되어 나오지 않는다. 기회에 잘 대비할 때 사람들은 발전한다. 왜냐하면 그들은 자신의 강점과 자신이 일하는 방식, 그리고 가치관을 알고 있기 때문이다. 자신이 속하는 곳이 어디인지 아는 사람들은 평범함(열심히 일하고 경쟁력도 갖추고 있지만 중간에 머물러 버리는 상태)에서 벗어나 뛰어난 업무 성과를 낼 수 있다.

나는 무엇에 기여해야 하는가?

유사 이래 대부분의 사람들은 다음과 같은 질문을 단 한 번도 하지 않았다. 나는 무엇에 기여해야 하는 가? 대부분 지시를 듣고 주어진 일이나 (농부나 장인 처럼) 묵묵히 하거나 하인들이 하듯이 주인의 명령에 수동적으로 따랐을 뿐이었다. 그리고 아주 최근까지 만 해도 사람들은 위에서 하라는 대로 복종하는 것 을 당연시했다. 1950년대나 60년대만 해도 새로이

등장한 지식 노동자(이른바 조직인간이라 부르는: 기업에 헌신하여 주체성을 잃어버린 사람을 뜻함-옮긴이)조차 회사의 인사과가 자신의 커리어를 계획해주리라 보았다.

그러다 1960년대 후반에 이르러 그 누구도 위에서 하라는 대로 일하지 않으려 했다. 젊은 사람들은 묻기 시작했다. 내가 하고 싶은 일은 무엇인가? 그리고 그들은 공을 세우고 싶으면 '네 방식대로 하라'는 말을 들었다. 그러나 이 말은 이전에 조직인간들이 들었던 말 만큼이나 잘못되었다. 자기 방식대로 해야 공을 세우고, 자기 만족도도 높이며, 성공을 거두리라 믿었던 사람들 중 하나라도 제대로 성취한 사람은 거의 없었다.

그렇다고 해서 위에서 지시를 받은 대로 하던 때

로 돌아갈 수는 없는 법이다. 특히 지식 노동자의 경우에는 종전에는 받지 않았던 질문 하는 법을 배워야 한다. 나는 무엇에 기여해야 하는가? 이 질문에 대답하기 위해 세 가지 기본 요소에 대답할 줄 알아야 한다. 지금 상황이 요구하는 것이 무엇인가? 내 강점과 업무 방식, 그리고 가치관을 바탕으로 어떻게 최대한 기여를 하여 일을 완수할 수 있을까? 그리고 마지막으로, 어떤 결과를 얻어내야 변화를 이끌어낼 수 있을까??

새로 임명된 병원 이사장의 예를 들어보자. 그 병원은 규모도 크고 매우 유명했지만, 이러한 명성을 얻어내는 데 무려 30년이나 걸렸다. 새로이 부임한 이사장은 2년 안에 어떤 중요 분야를 최우수 영역에 올려놓겠다고 마음먹었다. 그는 커다랗고 눈에 잘

띄는데도 운영이 엉성하기 짝이 없었던 응급실에 집중하기로 했다. 우선 응급실에 오는 환자는 누구나 60초 안에 우수한 간호사에게 배치되도록 했다. 12개월이 채 안 되어, 그 병원의 응급실은 미국 모든 병원의 이상적인 모델이 되었으며, 그 후 2년 안에 모든 병원이 바뀌었다.

위의 사례에서 보듯이, 생산성이 매우 뛰어난 분야라고 해도 저 멀리 앞을 내다보기는 사실상 불가능하다. 계획은 길어도 18개월 안에 완료할 수 있도록 짜야 하며 그렇게 해도 합리적으로 명쾌하고 구체적으로 만들 수 있다. 따라서 대개 이렇게 질문을 던져야 한다. 무엇에 어떻게 기여하면 1년 반 안에 변화를 이끌어낼 수 있을까? 대답은 몇 가지 면에서 균형이 있어야 한다. 우선, 결과는 웬만해서 달성하기 힘들다. 그렇기 때문에 계획에는 어느 정도 융통성이 있어야 한다. 그리고 변화는 달성 가능한 선에서 해야 한다. 달성할 수 없는 지점을 목표로 삼거나, 환경이 받쳐주지 않는데 달성하려고 한다면 이는 배포가 큰 것이 아니고 바보 같은 짓이다. 두 번째, 결과는 의미가 있어야 한다. 변화를 이끌어내야 한다는 말이다. 마지막으로, 결과물은 눈에 보여야 하고, 가급적이면 측정할 수 있어야 한다. 여기서 우리는 행동방침을 정할 수 있다. 무엇을 해야 할지, 어디서 어떻게 시작할지, 그리고 목표는 무엇이며 마감일을 언제까지로 해야 할지 말이다.

관계에 대한 책임

혼자서 일하면서 결과물을 얻어내는 사람은 그다지 많지 않다. 위대한 예술가라든지 과학자, 아주 뛰어난 운동선수 몇몇에 불과하다. 대부분의 사람들은 다른 이들과 더불어 일을 할 때 능력을 발휘한다. 이는 조직의 일원이 되었든, 따로 고용되었든 상관없이 진리이다. 자기경영을 잘 하기 위해서는 반드시 책임감 있는 모습으로 다른 이들과의 관계에 임해야 한다. 여기에는 두 가지 부분이 있다.

첫째, 다른 사람들이 자기 못지않은 한 개인이라는 사실을 받아들여야 한다. 이들은 여느 누구와 똑같이 행동하려고 고집을 부린다. 즉 그들도 그들 나름의 강점이 있다는 뜻이다. 그들은 자기 나름대로 일하는 방식이 있다. 가치관도 마찬가지이다. 따라서 효율적으로 일하기 위해서 당신은 동료들의 강점과 일하는 방식, 그리고 가치관을 알고 있어야 한다.

너무나도 당연한 말이지만 위의 말에 귀를 기울이는 경우는 별로 없다. 일례로 자신의 첫 번째 과제를 보고서로 쓰도록 훈련을 받은 케이스가 있다. 왜냐하면 상사가 읽는 성향이기 때문이다. 다음에 맞이하게 된 상사가 듣는 성향인데도 이 직원은 계속

보고서를 쓰다가 여지없이 아무런 성과도 내지 못한다. 새로 부임한 상사도 그 직원이 어리석고 게으르고 경쟁력이 떨어지며, 필연 실패할 것이라 여긴다. 그러나 그러한 상황은 그 직원이 새로운 상사를 눈여겨보고 상사가 어떻게 업무를 하는지 잘 파악만 하면 피할 수 있다.

상사는 회사 이름도 아니고 회사의 "기능"도 아니다. 그들 역시 한 개인이며 나름대로 최선의 성과를 낼 수 있는 방식으로 일할 권리가 있다. 사람들은 상사와 일하면서 상사의 업무 방식을 제대로 관찰하고, 최대한 효율적으로 일할 수 있도록 잘 맞춰주어야 할 의무가 있다. 이것이야말로 사실상 상사를 잘 "관리"하는 비밀이다.

이는 당신의 동료들에게도 똑같이 적용된다. 나와 달리 각자가 나름대로 일하는 방식이 있다. 각각이 자기 마음대로 일할 자격이 있다는 말이다. 관건은 그들의 업무 방식과 가치관이 무엇이냐이다. 어떻게 일하느냐에 대한 문제인데, 저마다 가지각색이다. 효율적인 업무의 첫 번째 비법은 당신과 함께 일하는 사람을 이해하고 신뢰하는 것이다. 그래야 당신도 그들의 강점과 일하는 방식, 그리고 가치관을 활용할 수 있다. 사내 관계는 대개 일하는 와중에 형성된다.

책임 있는 관계의 두 번째 의미는 의사소통할 때 책임을 진다는 말이다. 나나 다른 컨설턴트들이 조직과 일을 할 때 제일 먼저 듣는 이야기가 있는데, 바로 사람들 간 대립에 관한 문제이다. 이는 대부분 다른 사람들이 무엇을 하는지, 어떻게 일을 하는지 제대로 모르기 때문에 일어난다. 아니면 다른 사람들이 어떤 부분에 집중을 하고 어떤 결과를 기대하는지 모를 때에도 대립이 일어난다. 질문 받은 적이 없으니 자기 자신에 대해 말할 필요도 없고, 그러니 모를 수밖에 없다.

이러한 실패는 인간이 어리석어서라기보다는 인류의 역사와 관련이 있다. 최근까지만 해도 사람들은 남들에게 위와 같은 질문을 할 필요가 없었다. 중세시대에 한 구역에 살던 도시 사람들은 똑같이 무역을 하며 돈을 벌었다. 같은 시골 골짜기에 살던 사람들은 땅에 서리가 가시자마자 너나 할 것 없이 똑같이 씨를 뿌렸다. 남들과 좀 '다른' 일을 하던 소수의 사람들도 결국에는 혼자 일했으므로 자신이 무슨 일을 하는지 굳이 말하고 다닐 의무가 없었다.

오늘날에는 많은 사람들이 각기 다른 업무와 책임을 지고 있는 사람들과 함께 일을 한다. 마케팅 부문의 부사장의 경우 영업사원에서 출발했으므로 영업이나 매출에 대해 모르는 것이 없겠지만, 가격정책이라든지 광고, 물품 포장 등등에 대해서는 아는 바가 전혀 없다. 따라서 이와 같은 일을 하는 사람들은 부사장에게 자신들이 하고 있는 일과 자신들이 왜 이 업무를 하고자 하는지, 그리고 어떤 결과를 예상하는지 등에 대해 소상히 알려야 한다.

만약 부사장이 이렇게 우수한 지식 전문가들이 하는 일을 잘 모른다면, 그것은 그 전문가들의 잘못이지 부사장의 잘못이 아니다. 직원들이 부사장을 교육하지 않았기 때문이다. 역으로 부사장 역시 자신이 마케팅을 어떠한 시선으로 바라보는지 직원들에게 알릴 책임이 있다. 목표가 무엇인지, 자신이 일하는 스타일이 어떠한지, 그리고 자기 자신과 직원들에게 기대하는 바가 무엇인지 등등에 대해서 말이다.

관계에 있어서 책임을 지는 것이 중요하다고 생각하는 사람들조차 동료들과 충분히 소통하지 않을 때가 자주 있다. 그들은 자신이 건방지다거나 꼬치꼬치 캐묻는 사람, 혹은 바보 같다고 보일까 봐 두려워한다. 하지만 틀렸다. 누구든지 자신의 동료에게 이렇게 말할 수 있다.

"이게 내가 가장 잘하는 일이야. 이게 내가 일하

는 방식이지. 나의 가치관은 이러하고. 나는 여기에 집중하기로 계획을 잡았고 예상할 수 있는 결과는 다음과 같아."

대답은 항상 이렇게 나온다.

"아주 도움이 되었어. 그런데 왜 진작 말하지 않았어?"

또한 누군가가 이렇게 끊임없이 묻는다고 한다면, 경험상 돌아오는 반응은 예외 없이 똑같다.

"그러면 제가 당신의 강점이나 일하는 스타일, 가치관, 그리고 본인이 예상하는 기여도에 대해 알아야 할 점은 무엇일까요?"

사실, 지식 노동자들은 부하 직원, 상사, 동료, 단순히 팀의 일원 등을 막론하고 함께 일하는 사람들에게 이런 질문을 꼭 해야 한다. 그리고 다시 말하지만 이런 질문을 던지면 돌아오는 대답은 항상 똑같다.

"물어봐주어서 고맙습니다. 그런데 왜 진작 묻지 않았어요?"

조직은 이제 강압이 아닌 신뢰를 기반으로 구축된다. 사람들 사이에서의 신뢰는 꼭 그들이 서로 좋아해야 함을 의미하지 않는다. 서로를 이해해야 한다는 뜻이다. 따라서 관계에 책임을 지는 것은 필수불가결한 조건이다. 의무란 말이다. 그 누군가가 조직의 일원이든, 컨설턴트이든, 공급원이든, 배급업자이든 상관없이 모든 동료들에게 책임을 질 의무가 있다. 이들은 동료 직원들과 상호 의존하는 사이이니 말이다.

인생의 제2막

일이라고 하면 대부분 단순 노동을 떠올리던 시절에
는 인생의 2막을 걱정할 필요가 없었다. 그냥 원래
하던 일을 계속하기만 하면 되었기 때문이다. 그리
고 운이 좋아 공장이나 철도에서 40여 년이나 잘리
지 않고 열심히 일할 수 있었다면, 여생은 아무것도
하지 않아도 될 만큼 퍽 행복하게 지낼 수 있었다.
그러나 오늘날 대부분의 일은 지식 노동이며, 지식

노동자들은 40년 동안 일해도 일이 "끝나지" 않는다. 그저 무료해질 뿐이다.

　　기업 임원이 겪는 중년의 위기에 대한 이야기가 부쩍 많이 들린다. 이는 대부분 권태 때문에 일어난다. 45살이 되면 대체로 많은 임원들이 자신의 비즈니스 커리어에서 정점을 찍는다. 그들도 그 사실을 안다. 20여 년 동안 거의 똑같은 일을 하고난 뒤에 그들은 자신의 일에 숙련이 된다. 그러나 더 이상 일을 통해 배우거나 기여할 바가 없고 도전하고 싶다는 생각도, 만족감도 들지 않는다. 그럼에도 20년, 혹은 25년 동안 똑같은 일을 또 하게 된다. 이러한 이유로 자기경영을 하면 두 번째 커리어를 시작할 수 있는 발판을 마련할 수 있다.

두 번째 커리어를 개발하는 데에는 세 가지 방법이 있다. 첫 번째는 커리어를 새로 시작하는 것이다. 이는 현재 있는 조직에서 다른 곳으로 이직하는 것과 별반 다를 바 없다. 예를 들어 어떤 대기업의 부서 관리자가 중간정도 규모의 병원으로 직장으로 옮기는 식이다. 그러나 아예 다른 종류의 직종으로 옮기는 사람들도 점점 늘고 있다. 이를테면 기업에서 임원으로 있거나 정부 부처에 있던 관료가 45세에 목사가 되기도 한다. 혹은 20여 년간 기업 생활을 한 중견 간부가 로스쿨에 진학하기 위해 직장을 떠났다가 작은 마을의 변호사가 되는 경우도 있다.

앞으로 첫 번째 직장에서 준수한 성공을 거둔 사람들이 두 번째 커리어를 맞이하는 사례가 더 많아질 것이다. 그러한 사람들은 수완이 상당히 좋기 때문에 어떻게 일하면 좋을지 잘 알고 있다. 그들에게는 커뮤니티가 필요하며(아이들이 다 커서 독립하면 집도 텅 비어버리므로), 수입도 있어야 한다. 그리고 그들에게는 뭐니 뭐니 해도 도전이 필요하다.

두 번째 인생을 맞이하는 또 다른 방법은 지금 하고 있는 일과 비슷한 커리어를 준비하는 것이다. 첫 번째 직종에서 매우 큰 성공을 거둔 사람들은 풀타임 또는 시간제 근무 형식으로 종전에 하던 일에 계속 머물 곤 한다. 그러나 여기에 더해, 현재 하고 있는 일과 관련된 커리어를 만들려면 특히 비영리 기관의 경우 일주일에 10시간 정도 더 시간을 투자해야 한다. 예를 들어 교회의 관리 업무를 인계받거나, 지역 걸스카우트 본부의 수장을 맡을 수도 있다. 가정폭력에 시달리는 여성을 위한 쉼터를 운영할 수도 있으며, 동네 공공 도서관의 어린이 도서 사서로 일하기도 하고, 학교 운영 위원회에서 활동할 수도 있다.

마지막으로, 사회적 기업가가 있다. 이런 사람들은 대개 첫 번째 직종에서 매우 크게 성공한 경우이다. 그들은 자신의 일을 사랑하지만 더 이상 도전 의식이 들지 않는다. 대부분 자신이 원래 하던 일을 계속 이어서 하긴 하지만 그 일을 하는 시간을 점점 줄여 나간다. 또 다른 활동을 시작하기도 하는데 보통 비영리 기관에서 많이 한다. 예를 들어 내 친구인 밥 버포드는 텔레비전 기업을 경영하며 큰 성공을 거둔바 있는데, 개신교와 협업하여 비영리 기구를 만들어 여기서도 큰 결실을 맺었다. 여기에 사회적 기업가들을 대상으로 자신의 기존 기업을 경영하면서 비영리사업을 운영하는 방법을 가르쳐주는 일까지 하고 있다.

인생의 제2막을 잘 꾸려나가는 사람은 언제나 소수일는지도 모른다. 대부분은 "일에서 은퇴"하여 진짜로 은퇴할 때까지 시간이나 때울 것이다. 그러나 이러한 소수의 사람들이야말로, 즉 기나긴 직장 생활을 자신과 사회의 기회로 바라보는 이들이야말로 다른 이들에게 리더와 롤모델이 될 터이다.

인생 2막을 준비하는 데에는 전제조건이 하나 있다. 제2막에 들어서기 훨씬 전에 시작해야 한다는 점이다. 30년 전, 기대 근로 여명이 빠르게 늘어나리라는 전망이 확실했던 시기에는 나를 비롯한 많은 사람들이 은퇴 후 비영리 기관에 자원봉사를 하려는 숫자가 늘어날 거라 보았다. 헌데 그런 일은 일어나지 않았다. 마흔 살이나 그즈음 이전에 자원봉사를 시작하지 않는 사람은 예순이 지나서도 하지 않을 가능성이 높다.

이와 유사하게, 모든 사회적 기업가들은 원래 하던 일에 정점을 찍기 전에 두 번째 사업을 시작해야 한다는 사실을 알고 있다. 큰 성공을 거둔 변호사의 예를 들어보자. 그는 대기업의 법률 자문위원 일을 하면서 자신이 살던 주에 시범학교를 세운 인물이다. 그는 35세 즈음에 학교에서 법률 관련으로 자원봉사를 시작했다. 마흔 살이 되던 해에는 교육위원회로 선출되었다. 쉰 살이 되어 상당한 부를 쌓을 즈음 그는 자신만의 시범학교를 세워 운영하기 시작했다. 그런데도 그는 아직도 원래 일하던 회사에서 상임 변호인으로 매일 출근한다.

본인의 두 번째 주요 관심사를 찾아내어 일찍 개발해야 하는 이유는 또 있다. 그 누구도 일생 동안 심각한 고난 없이 오래 살 것이라고는 예상하지 못한다. 마흔다섯의 나이에 승진에서 누락되어 버린 유능한 엔지니어가 있다. 어떤 대학 교수는 다양한 능력을 갖췄는데 마흔두 살 되던 해에 종합 대학에서 교수로 채용되지 못하리라는 것을 알게 되었다고 한다. 자격이 충분했는데도 말이다. 한 가족에게 비극이 닥칠 때도 있다. 이혼을 하거나 아이가 세상을 떠나는 일 등으로 인해. 그럴 때 두 번째 주요 관심사로(단순히 취미를 의미하지 않는다) 상황을 완전히 뒤바꾸어 놓을 수 있다. 예를 들어 그 엔지니어는 이제 자기가 하는 일에서 큰 성공을 거둘 수 없다는 사실을 알고 있다. 그러나 교회 회계 담당자로 외부 활동을 하면서 그는 성공했다. 한 가정이 와해되어 버리는 경우가 있을지라도 외부에서 활동하는 커뮤니티는 여전히 존재한다.

성공이 너무나도 중요하게 되어버린 사회에서는 선택의 여지를 두는 일이 점점 필수가 되어 가고 있다. 과거에는 "성공"이라는 말이 없었다. 절대 다수의 사람들은 아무것도 기대하지 않았고 "적절한 자리"에 머무르곤 했다. 그저 내리막길로 걷는 일 외에는 별다른 움직일 거리가 없었다.

그러나 지식사회에서는 모든 이들이 성공을 꿈꾼다. 당연히 불가능한 일이다. 대부분의 사람들에게는 실패나 하지 않으면 다행일 따름이다. 성공이 있으면 실패도 있게 마련이다. 그렇기 때문에 개개인들에게, 그리고 그 개개인의 가족에게는 자신이 기여할 수 있고, 변화를 이끌어 낼 수 있으며, 당당한 누군가가 될 수 있는 영역이 필요하다. 다시 말해 두 번째 무대를 찾는 일—두 번째 직업이든, 비슷한 직종이든, 사회적 기업이든—이야말로 리더가 되어 존경을 받고 성공의 발판을 마련할 수 있는 기회이다.

자기경영에는 개개인, 특히 지식 노동자들에게 유례없이 새로운 자세가 필요하다. 자기경영을 효과적으로 하기 위해 지식 노동자는 스스로 최고 경영자처럼 생각하고 행동할 필요가 있다. 더 나아가, 그저 시키는 대로 하면 되었던 단순 노동자에서 전적으로 자기경영을 해야 하는 지식 노동자로의 전환은 사회 체제 자체를 흔들어 버린다. 모든 사회에서, 개인주의가 가장 만연한다 할지라도 다음 두 가지 사항을 무의식적으로 당연시 하고 만다. 조직의 수명은 노동자들보다 길고, 대부분의 사람들은 그저 제자리에 머물러 버린다는 사실을 말이다.

그러나 오늘날에는 반대가 맞다. 지식 노동자들은 조직보다 오래 살고 언제든지 옮길 준비가 되어 있다. 자기경영의 필요성은 인간사에 혁명을 일으키고 있다.

우리는 유례없는 기회의 시대에 살고 있다. 똑똑하고 포부가 크며, 추진 능력만 있다면 자신이 선택한 직업에 정점에 오를 수 있다. 어디에서 시작을 하든 말이다. 그러나 기회에는 책임이 따른다. 오늘날 회사들은 지식 노동자들의 경력을 관리해주지 않는다. 그보다 우리가 자기 자신의 최고 경영자가 되어야 한다.

간단히 말해서 자신이 일하고 있는 곳에 족적을 남기고, 언제 변화를 일으켜야 할지 아는 것은 여러분에 달렸다. 또 50여 년의 근로 기간 동안 자신의 일에 적극적으로 관여하여 결심을 맺는 일도 여러분에게 달려 있다.

이러한 사항들을 모두 잘 해내려면, 일단 자신에 대해 자세히 알도록 노력해야 한다. 내가 가진 최고의 강점과 가장 치명적인 약점은 무엇인가? 그만큼 중요하게, 나는 어떻게 배우며 다른 이들과 어떻게 일을 하는가? 본인이 가장 중하게 생각하는 가치관은 무엇인가? 그리고 어떤 환경에서 일할 때 가장 크게 기여할 수 있는가?

여기서 암시하는 바는 명확하다. 여러분의 강점

과 스스로 습득한 지식이 결합하여 시너지 효과를
일으키면 진정으로 탁월한 업무성과를 내고, 그것을
오랫동안 지속시킬 수 있다.

2부

무엇이 효과적 리더를 만드는가

유능한 기업 임원을 칭할 때 반드시 우리가 흔히 이야기하는 그런 류의 리더일 필요는 없다. 예를 들어 해리 트루먼(Harry Truman: 미국의 33대 대통령-옮긴이)은 카리스마가 단 1그램도 없었지만, 미국 역사상 가장 유능한 최고 지도자 중 하나로 꼽힌다. 비슷하게, 내가 65년 이상 비즈니스 컨설팅을 제공하고 있는 기업 혹은 비영리 기관의 최고 경영자들 역시 판에 박

힌 리더들이 아니었다. 그들은 성격이나 태도, 가치관, 강점이나 약점 면에서 모두 제각각이었다. 아주 외향적인 성격에서부터 은둔주의자에 가까운 유형도 있었고, 태평한 성격에서부터 무엇이든 철저히 관리 감독하는 유형, 그리고 관대한 성격부터 인색한 성격까지 아주 다양했다.

이렇게 가지각색인 경영인들을 유능하게 만든 요인은 그들이 다음과 같은 여덟 가지를 실천했기 때문이었다.

- 그들은 이렇게 물었다. "무엇을 완수해야 하는가?"
- 그들은 이렇게 물었다. "기업을 위해 어떤 옳은 일을 해야 하는가?"

- 그들은 상세한 사업 계획을 만들어냈다.

- 그들은 결정에 대해 책임을 졌다.

- 그들은 의사소통 과정에서 책임을 졌다.

- 그들은 문제보다는 기회에 초점을 맞추었다.

- 그들은 생산적인 회의를 열었다.

- 그들은 사려 깊었으며 "나보다는 "우리"라고
  말했다.

첫 번째와 두 실천은 경영진들에게 필요한 지식을 주었다. 그다음 네 항목은 습득한 지식을 효율적으로 활용하는 데 도움이 되었다. 그리고 나머지 두 항목은 조직 전체가 책임감 있고 신뢰할 수 있는 곳이라는 확신을 주었다.

필요한 지식을 습득하기

첫 번째 실천은 무엇을 완수해야 하는지 묻는 일이다. 질문이 "내가 하고 싶은 일은 무엇일까?"가 아니라는 것을 명심하라. 무엇을 해야 하는지 묻고 그 질문을 진지하게 받아들이는 일이야말로 성공적인 경영을 위한 필수 요건이다. 이 질문을 하는 데 실패한다면 아무리 재능 많은 경영인이라도 무능해질 수 있다.

트루먼이 1945년 대통령이 되었을 때, 그는 자기가 원하는 바가 무엇인지 정확하게 알고 있었다. 제2차 세계대전으로 말미암아 뒤로 밀려났던 루스벨트의 뉴딜정책, 즉 사회 경제적 재건을 완수하는 일이었다. 그러나 무엇을 완수해야 하는지 스스로 되묻자마자, 트루먼은 외교 정책이 가장 급선무라는 것을 깨달았다. 그는 업무 일정을 짜서 국무 및 국방장관들과 함께 외교 정책에 대해 교육하는 시간을 가졌다. 결과적으로 그는 미국 역사상 외교정책에서 가장 뛰어난 수완을 발휘하는 대통령에 올랐다. 그는 마셜 플랜(Marshall plan: 2차 세계대전 후 서구 유럽에 경제적 원조를 하고 공산주의 확산을 막는 정책-옮긴이)으로 유럽과 아시아에 공산주의가 들어오는 것을 막았고 전 세계가 50여 년간 경제적 성장을 누리는 발판을 마련했다.

비슷한 예로, 잭 웰치(Jack Welch) 역시 GE(General Electronics)의 수장 자리에 올랐을 때 자신이 완수해야 하는 일이 그간 하고 싶었던 해외 진출이 아니라는 사실을 깨달았다. 해외 확장은 이익이 아무리 많아도 GE의 사업을 좀먹고 있었고, 해당 산업에서 1, 2위에 오르기도 힘들었다.

"무엇을 해야 하는가?"하는 질문에 대한 대답은 거의 매번 하나 이상의 급선무를 담고 있다. 그러나 유능한 경영인은 여기저기 손을 대지 않는다. 가능하면 하나의 업무에 집중한다. 만약 업무 속도를 조절하면서 최상의 성과를 내는 사람들이라면(극소수에 불과하다) 두 가지 일을 모두 가져가기도 한다. 그러나 나는 두 가지 이상의 업무를 동시에 씨름하면서도 여전히 유능한 경영인을 단 한 번도 본적이 없다.

이런 이유로 지혜로운 경영인은 무엇을 완수해야 하는지 질문한 뒤에 최우선 과제를 세워놓고 거기에 집중한다. CEO에게 최우선 과제란 무릇 기업의 과업을 재정립하는 일일 터이다. 한 부서의 수장에게는 그 부서와 본부의 관계를 재정립하는 것이 최우선 과제일지도 모른다. 다른 일은 얼마나 중요하든 미루게 된다. 원래 있던 최우선 과제를 완료하고 나면 임원진은 최우선 과제를 다시 설정하여 원래 있던 리스트 중 두 번째 업무로 옮겨 간다. 임원진은 이제 이렇게 묻는다.

"이제 무엇을 해야 하지?"

대개 이런 경우 새롭고 다른 우선 과제가 나온다.

미국에서 가장 유명한 CEO의 이야기를 다시 꺼내보자. 잭 웰치는 자서전에서 오 년에 한 번씩 스스로에게 이렇게 물었다고 한다.

"이제 무엇을 완수해야 하는가?"

그리고 매번 그는 새로우면서도 다른 우선 과제와 맞닥뜨렸다.

그러나 웰치 역시 그 다음 5년 동안 어느 부분에 중점적으로 노력을 해야 하는지 결정하기 전에 또 다른 이슈 역시 심사숙고했다고 한다. 그는 리스트 상 최우선 업무 두세 개 중 어느 것이 착수하기에 가장 적절한지 스스로에게 되물었다. 그러고 나서 자기 과제에 집중했다. 그 밖의 일은 위임했다. 유능한 경영진은 자신이 특별히 잘할 수 있는 일에 집중하려 노력한다. 그들은 최고 경영자가 성과를 낸다면 기업도 따라서 성과를 내리라는 사실을 알고 있다. 그리고 그 반대라면 성과도 따라올 수 없다.

유능한 경영진의 두 번째 실천(첫 번째 실천만큼이나 중요한 것)은 이렇게 묻는 일이다.

"이것이 기업에 올바른 일인가?"

이것은 기업주나 주가, 직원, 혹은 임원진에게 옳은 것인지 묻는 질문이 아니다. 물론 주주들이나, 직원, 임원진들 역시 자신의 결정을 지지해주는 중요 구성원이라는 사실을 잘 안다. 적어도 결정이 효력을 보이려면 최소한 묵인해 주어야 하는 존재들이다. 그들은 주가 역시 주주뿐만 아니라 기업에게도 중요하다는 사실을 알고 있다. 주가 수익률이야말로 자본 비용이기 때문이다. 하지만 기업에 올바르지 않은 결정은 궁극적으로 주주들에게도 옳지 않다는 점 역시 알고 있다.

두 번째 실천은 특히 가족 소유 기업—어떤 나라를 막론하고 이런 형태의 기업이 대부분이다—의 임원에게 중요하다. 그중에서도 사람들에 대해 결정을 내려야 할 때 더욱 그렇다. 성공적인 가족 기업의 경우, 친인척은 같은 수준에서 친인척이 아닌 경우보다 월등히 뛰어난 실적을 거둘 때에만 승진해야 한다. 예를 들어, 듀폰(DuPont)사는 사업 초창기 가족 기업으로 운영되었을 때 모든 고위 임원들(부서 관리자나 변호사를 제외하고)이 가족의 일원으로 구성되어 있었다. 남자 후손이면 누구든지 회사의 말단부터 시작할 권리가 있었다. 말단직 이상으로 가기 위해 가족 구성원은 비(非) 친인척으로만 구성된 심사위원들이 같은 레벨에서 모든 다른 직원들보다 우수한 업무 성과를 내렸는지 판단을 했다. 영국의 성공적인 가족 기업인 라이언스 앤드 컴퍼니(Lyons & Company) 역시 푸드 서비스와 호텔 산업에서 압도적인 실적을 보일 때 같은 규칙을 적용하였다.

"기업에 올바른 것은 무엇인가?"라는 질문이 꼭 올바른 결정을 보장하지는 않는다. 가장 똑똑한 경영인이라 할지라도 그도 결국 인간이며 실수를 하고 편견을 가질 수 있다. 그러나 그러한 질문을 하지 않는 것은 당연히 잘못된 결정으로 이어질 수밖에 없다.

상세한 사업계획서 작성하기

경영진은 행동가다. 그들은 실행에 옮긴다. 지식은 행동으로 옮겨가지 않는 한 경영진에게 아무런 쓸모가 없다. 그러나 그 행동에 뛰어들기 전에, 경영진은 계획을 짜야 한다. 본인이 바라는 결과와 앞으로 닥칠지 모르는 제한 사항, 수정해야 할지 모르는 부분, 중간에 확인해야 하는 지점, 그리고 시간이 얼마나 걸릴지 등을 가늠해 보아야 한다.

우선, 경영진은 본인이 바라는 결과를 다음 질문을 통해 정해야 한다.

"기업이 예상하건데 앞으로 18개월 혹은 2년 안에 나는 무엇에 기여를 할까? 나는 어떠한 결과를 약속할 수 있는가? 마감일은 어떻게 정하고?"

그러고 나서 행동에 옮길 때 마주칠 주 모르는 제한점에 대해 고려한다.

"이러한 행동방침이 윤리적인가? 조직 안에서 수용 가능한가? 법률적 문제는? 조직의 사명과 가치관, 정책과 궤를 같이 하는가?"

대답이 긍정적이라고 해서 행동 역시 효율적이라

고 보장할 수는 없다. 그러나 이렇게 한 번 더 심사숙고하지 않으면 행동 역시 당연히 잘못되고 비효율적으로 이어진다.

사업 계획은 약속이라기보다는 본인의 의도를 담은 진술서이다. 자신을 구속하는 올가미가 되어선 안 된다. 수정도 자주 해야 한다. 성공은 모두 새로운 기회를 창조하기 때문이다. 실패 역시 마찬가지다. 비스니스 환경과 시장, 그리고 기업 내 사람들 모두 똑같이 변화를 겪는다. 이 모든 변화들 때문에 계획은 수정될 수밖에 없다. 글로 쓴 계획은 융통성을 발휘해야 한다는 사실을 염두에 두어야 한다.

덧붙여, 사업 계획은 예상과 다른 결과가 나타나는지 확인할 수 있는 시스템도 갖추어야 한다. 유능한 경영진은 사업 계획을 수립할 때 대개 두 가지 정도 확인 사항을 만들어 놓는다. 첫 번째는 계획 상 중간 정도 갔을 때 나온다. 이를테면 9개월 정도 되는 시점이다. 두 번째 확인은 다음 행동으로 옮겨가기 직전인 후반부에 한다.

마지막으로, 사업 계획은 경영진이 시간을 관리할 수 있는 기반이 되어야 한다. 시간은 모름지기 경영진의 가장 귀중한 자원이다. 그리고 조직은—정부 기관, 사기업, 비영리 기관 등 관계없이—태생적으로 시간만 낭비하는 존재들이다. 사업 계획은 경영진의 시간을 어떻게 쓸 것인지 결정하지 않으면 쓸모없는 종잇조각에 그치고 만다.

전해진 바에 따르면 나폴레옹은 어떤 성공적인

전투도 계획을 따른 적이 없다고 한다. 하지만 나폴레옹 역시 자신이 치른 전투에 하나하나 계획을 세웠다. 심지어 앞선 장군들보다 더욱 꼼꼼하게 했다. 사업 계획이 없다면 경영진은 일에 갇혀버릴 뿐이다. 그리고 일이 벌어지면서 중간 중간 계획을 확인하지 않으면, 경영진은 어느 지점에서 실지로 문제가 있고 어떤 부분이 그저 잡음에 불과할지 알 길이 없다.

행동으로 옮기기

계획을 행동에 옮길 때, 경영진은 의사 결정과 소통,
기회(문제와 반대 개념), 그리고 회의 등에 특히 주의를
기울여야 한다. 나는 위의 고려 사항을 한 번에 생각
해보고자 한다.

결정에 책임을 지기

- 결정은 사람들이 다음과 같은 사항을 알기 전까진 내리면 안 된다.
- 실행에 옮길 때 신뢰할 수 있는 인물의 이름:
- 마감일:
- 결정에 영향을 받는 사람들의 이름. 따라서 이들은 결정사항에 대해 알고, 이해하며, 인가해야 함—또는 적어도 반대는 하지 않을 것—그리고
- 결정사항에 대해 알려야 사람들의 이름. 이에 직접적으로 영향을 받지 않더라도 필요함.

위와 같은 기본 사항을 지키지 않아 수많은 기업들이 곤란에 빠졌다. 30여 년 전에 나와 알고 지내던

한 고객은 빠르게 성장하던 일본 시장에서 선두 자리를 뺏기고 말았다. 새로운 일본인 파트너와 합작 투자를 하기로 결정한 후, 구매 담당자에게 제대로 된 정보를 주지 않았기 때문이었다. 일본인 파트너는 피트(feet)나 파운드(pound)라는 단위보다 미터(meter)와 킬로미터(kilometer)를 쓰지만 아무도 그 사실을 알려주지 않았다.

결정사항을 주기적으로—구성원들이 사전에 동의한 시기—확인하는 일 역시 처음에 신중을 기해 결정을 내렸던 때만큼이나 중요하다. 이를 통해 애초에 제대로 내리지 못했던 결정사항을 수정하여 실제 피해를 막을 수 있다. 검토 범위는 결정단계에서 추정했던 결과부터 무엇이든 해당한다.

이렇게 검토하는 일은 가장 중요하고 어려운 결정을 할 때 특히 중요하다. 그중에 하나가 사람들을 고용하거나 승진하는 일이다. 사람들에 관련한 의사결정을 연구한 결과에 따르면 겨우 3분의 1만이 제대로 성공을 했다고 한다. 3분의 1은 성공도, 실패도 아니었다. 그리고 나머지 3분의 1은 완전히 실패했다. 유능한 경영진은 이 사실을 염두에 두고 인력 결정으로 나온 결과는 (6개월에서 9개월 후) 확인 작업을 거친다.

만약 결과가 예상했던 바대로 나오지 않았다고 해도, 자신이 뽑은 인력이 성과를 제대로 내지 않았다고 결론을 내지 않는다. 대신 경영진 스스로가 실수를 했다고 생각한다. 인력관리가 잘 되는 기업에서는 사람들이 새로운 직종, 특히 승진을 한 후에 실패

하는 경우 그들에게만 비난을 보낼 수 없다는 사실을 잘 알고 있다.

경영진은 조직과 동료들이 중요한 일에 업무성과를 내지 못할 때 용인하지 말아야 할 의무도 있다. 업무를 제대로 해내지 못하는 것이 비단 직원만의 잘못은 아니겠지만, 그런 경우라 해도 일단 이들을 자리에서 물러나게 해야 한다. 새로운 일에 실패를 겪은 사람들에게 원래 하던 일과 급여 수준으로 되돌아갈 것인지 선택권을 주어야 한다.

사실 이런 선택권은 거의 실행되지 않는다. 사람들은 일반적으로 알아서 회사를 떠난다. 적어도 미국의 회사에 있는 사람들이라면 말이다. 그러나 그러한 선택권을 주는 것이야말로 아주 강력한 효과를 불러일으킬 수 있다. 사람들이 안정적이고 편안한 직업에서 벗어나 새로운 업무에 망설임 없이 뛰어들게 만드니 말이다. 조직의 성과는 직원들이 그러한 기회에 서슴없이 자원할 의지가 있느냐에 달려 있다.

체계적으로 결정사항을 검토하는 일은 스스로 발전하는 데에도 큰 도움이 된다. 결정을 하고 일어난 결과와 예상했던 바를 비교 검토하면 경영진은 자신들의 강점 및 개선해야 할 부분, 그리고 지식이나 정보가 부족한 지점 등을 알 수 있다. 자신이 어떤 편견을 갖고 있는지도 드러난다. 너무나 자주, 경영진의 결정이 의미 있는 결과로 이어지지 않았다고 나타나기도 하는데 이는 그 일에 딱 맞는 사람들을 투입하지 않았기 때문이다. 어떤 위치에 최적의 사람들을 배치하는 일은 중요하고 까다로운 일이면서도 경영진은 이를 무시하곤 한다. 왜냐하면 최적의 사람들은 이미 너무나 바쁘기 때문이다.

결정사항을 체계적으로 검토하면 경영진이 어느 부분에서 약한지도 알 수 있다. 특히 어느 분야에서 경쟁력이 떨어지는지 보인다. 이러한 분야에서 똑똑한 경영진이라면 결정을 내리거나 행동에 착수하지 않는다. 다른 이들에게 위임한다. 누구에게나 약한 분야가 있다. 전 세계가 인정하는 천재 경영인이라 해도 예외는 아니다.

흔히 결정을 내리는 주체가 오직 고위 임원진이라거나 고위 임원진만이 중요한 결정을 다룰 뿐이라고 생각한다. 이것은 아주 위험한 착오다. 결정이란 무릇 개별 전문 직종에서부터 전방에 있는 관리자까지 조직의 모든 계층에서 이루어져야 한다. 낮은 계층에서부터 이루어지는 결정은 지식을 기반으로 하는 조직에서 특히 중요하다. 지식 근로자들은 자신의 전공분야에 대해 그 누구보다도 더 잘 알고 있게 마련이다. 이를테면 회계사와 같은 경우인데 따라서 그들이 내린 결정사항은 회사 전반에 걸쳐 영향을 미칠 확률이 높다. 모든 계층을 통틀어 올바른 결정을 내리는 것은 중요한 기술이다. 지식을 바탕으로 하는 조직에 있는 사람들이라면 누구든지 이러한 기술을 배워야 한다.

의사소통에 책임을 지기

유능한 경영진은 사업계획과 그들이 가진 정보를 다른 이들에게 충분히 주지시켜야 한다는 사실을 잘 안다. 구체적으로 말하자면, 자신의 계획을 다른 이들과 공유하고 모든 동료들, 즉 직장 상사나, 부하직원, 동기들에게 자문을 구해야 한다. 동시에 그 일을 완수하는 데 필요한 정보를 각각의 사람들에게 알려주어야 한다. 보통은 부하직원으로부터 상관에게로 흐르는 정보가 가장 많은 주목을 받는다. 그러나 경영진은 동기와 상사가 원하는 정보에도 똑같이 관심을 기울여야 한다. 체스터 바너드(Chester Barnard: 미국의 행정가이자 경영 이론가-옮긴이)가 1938년 출간한 고전 〈경영자의 역할(The Functions of Executive)〉 덕에 우리는 이 사실을 잘 알고 있다. 이 책에 따르면 조직은 소유주나 명령이 아니라 정보에 의해 유지된다. 그런데도 여전히 너무 많은 경영진들은 정보와 정보의 흐름이 회계사와 같은 특정 전문가의 일이라고 치부해 버린다.

결과적으로 이러한 전문가들은 필요하지도 않고 쓸 수도 없는 방대한 정보를 받지만, 정작 여기서 써먹을 수 있는 것은 거의 없다. 이러한 문제를 해결할 가장 좋은 방법은 경영진 각각이 자신이 필요한 정보를 파악하여 질문하고, 얻어낼 때까지 캐내는 것이다.

계획에 집중하기

훌륭한 경영진은 문제보다 기회에 집중한다. 물론 문제도 소홀히 해서는 안 된다. 무턱대고 덮어두는 건 금물이다. 그러나 문제를 해결하는 일이 필요하다고 해도 성과를 가져다주지는 않는다. 그저 피해만 막아줄 뿐이다. 기회를 이용하는 일이야말로 결과를 낳는다.

무엇보다도, 유능한 경영진은 변화를 위협으로 인식하지 않고 기회의 발판으로 삼는다. 그들은 회사 안팎으로 일어나는 변화를 주기적으로 살피고 묻는다.

"이 변화를 우리 기업의 기회로 삼으려면 어떻게 활용해야 하는가?"

명확하게, 경영진은 다음과 같은 일곱 가지 상황을 기회로 삼는다.

- 본인이 속한 회사와 경쟁사, 산업 전반에서 일어날 수 있는 예상 결과와 실패 요인
- 시장이나 생산과정, 생산물, 또는 서비스 등의 현재 상황과 그 가능성 사이의 차이(예를

들어, 19세기 제지 산업에서는 종이를 얻을 수 있는 나무 각각의 10%에만 집중하고 나머지 90%의 가능성은 무시해버렸다. 자원 낭비였던 셈이다)

- 생산과정과 제품, 또는 서비스 혁신. 기업이나 산업의 내부든 외부든 상관없음.
- 산업 및 시장 구조의 변화
- 인구 구성
- 사고방식 및 가치관, 개념, 분위기, 또는 의미의 변화. 그리고
- 새로운 지식과 새로운 기술

유능한 경영진은 문제가 기회를 압살해버리지 않도록 주의에 주의를 거듭한다. 대다수의 회사에서 펴내는 월간 경영 보고서의 첫 번째 페이지는 주요 문제가 장식한다. 첫 번째 페이지에는 새로 맞이

할 기회를 목록에 넣고 문제점은 두 번째 페이지로 넘겨버리는 것이 훨씬 현명하다. 엄청난 재앙이 아닌 이상, 기회를 분석하고 이에 적절히 대응하기 전까지 문제는 임원 회의에서 다루지 않는다.

직원 채용도 기회에 집중하는 또 하나의 중요한 측면이다. 유능한 경영진은 최고의 인재를 문제가 아닌 기회에 배치한다. 직원들을 기회에 적절하게 활용하기 위한 방법 중 하나는 운영 그룹 내 각각의 일원들에게 6개월마다 리스트 두 개를 준비하게 하는 것이다. 기업 전체에 걸친 일련의 기회와 그에 대응할 최고 인재들이 그것이다. 이 두 가지를 논의한 후, 두 리스트에 섞은 다음, 최적의 인재를 최고의 기회에 맞추어 넣는다. 한편, 이러한 짜맞추기 작업이 일본의 대기업이나 행정부에서 주로 하는 인사 업무

라고 한다. 일본 기업의 핵심적인 강점 중 하나라 볼
수 있다.

결실이 있는 회의를 열기

제2차 세계대전 당시와 그 이후 미국에서 가장
두드러지고 강력하며, 단연컨대 가장 유능한 비정
부 경영진은 사업가가 아니었다. 그는 다름 아닌 뉴
욕 가톨릭 교구의 추기경이자 역대 미국 대통령의
자문 역할을 맡았던 프랜시스 스펠먼(Francis Cardinal
Spellman)이었다. 스펠먼이 추기경의 자리에 올랐을
때, 교구는 파산상태였고 침체기를 겪고 있었다. 스
펠먼의 후계자들은 미국 가톨릭 교구에서의 요직을
물려받았다. 스펠먼은 깨어 있을 때 하루에 딱 두 번
씩 25분 동안 혼자 있는 시간을 갖는다고 했다. 아침

에 일어나서 개인 예배당에서 미사를 가질 때와 잠자리에 들기 전에 저녁 기도를 드릴 때였다. 그 시간을 빼고 그는 가톨릭 기관과 함께 하는 아침 식사부터 다른 이들과 함께 하는 저녁 식사까지 항상 사람들과 함께였다.

고위 임원들은 가톨릭 교구의 대주교처럼 속박된 삶을 살지는 않는다. 그러나 임원진의 일과를 분석한 연구 결과를 보면 중간 간부부터 전문경영인까지 모두 일과의 반 이상을 다른 사람들과 함께 보냈다. 대체로 회의 등이 많아서일 터이다. 유일한 예외라면 일부 선임 연구원들이다. 단 한 명과 함께 대화를 나눈다고 해도 회의가 된다. 그러므로 능률적인 경영진이라면 회의를 하고 반드시 성과가 있어야 한다. 임원진들은 회의가 그저 잡담이나 하는 시간이 아닌 일과라는 사실을 유념해야 한다.

효율적인 회의를 여는 열쇠는 사전에 어떤 방식으로 회의를 열지 결정하는 것이다. 회의는 종류에 따라 다른 준비가 필요하고 결과도 달라지기 때문이다.

- **성명서나 발표, 보도 자료 등을 준비하는 회의:** 이 회의에서 성과를 보이려면, 구성원 중 한 명이 사전에 초안을 준비해야 한다. 회의 말미에는 사전에 지명된 구성원이 최종본을 배포할 의무가 있다.
- **발표 준비를 위한 회의. 예를 들어 조직 개편 등:** 여기에서는 발표에 대한 내용에만 한정해야 한다.

- **팀원의 보고서에 관한 회의:** 여기에서는 보고서에 대해서만 논의해야 한다.

- **일부 또는 모든 팀원의 보고서에 관한 회의:** 논의를 아예 하지 않을 수도 있고 명확하게 이해하기 위한 질문만 해야 한다. 그도 아니면 모든 참여자들이 질문할 수 있도록 각각의 보고서에 대해 짧게 논의해야 한다. 일정한 형식이 있다면 회의에 들어가기 전에 모든 참여자들에게 보고서를 배분해야 한다. 이러한 종류의 회의에서는 각 보고서에 제한 시간을 두어야 한다. 가령 15분 이내에 끝맺도록 한다.

- **임원을 배석한 채 진행하는 회의:** 임원진은 회의 내용을 듣고 질문해야 한다. 발표를 해서는 아니 되고 요약을 해야 한다.

- **임원진이 배석한 자리에 오직 함께 자리하는 것만 허락된 회의:** 스펠먼의 아침과 저녁식사가 이러한 경우였다. 이런 회의에서는 결실이 나오기 만무하다. 위계질서로 인한 불이익뿐이다. 고위 간부는 이러한 회의가 열리지 않도록 막아서 회사 일과를 침해하는 불상사를 낳지 않도록 한다. 예를 들어, 스펠먼도 그러한 회의를 아침식사와 저녁식사에만 한정하여 나머지 일과 시간은 자유로워지도록 했다.

결실 있는 회의를 진행하려면 부단한 자기 훈련도 필요하다. 임원은 어떤 종류의 회의를 열어야 할지 결정하고 그에 맞는 형식을 고수해야 한다. 특정 목적을 달성한 뒤 곧바로 회의를 종료하는 것도 중요하다. 훌륭한 임원은 회의에 다른 안건을 올리지 않는다. 회의를 정리하고 종료한다.

후속 조치를 제대로 하는 것도 회의만큼이나 중요하다. 후속 조치의 대가라면 알프레드 슬론(Alfred Sloan)을 들 수 있는데, 내가 아는 가장 유능한 경영진이다. 1920년대부터 1950년대까지 제너럴 모터스(General Motors)사를 이끌었던 슬론은 일주일에 엿새 이상을 회의하는 데 썼다. 일주일에 3일은 정례 간부 회의이고 나머지 3일은 GE 임원진 개개인이나 소수의 간부들과 함께 하는 즉석 회의였다. 정례 회의를 시작할 때 슬론은 회의의 목적에 대해 먼저 알렸다. 그러고 나서 경청했다. 그는 필기하는 법이 결코 없었고 헷갈리는 부분을 명확히 알고자 질문할 때를 제외하고는 거의 말하는 법이 없었다. 슬론은 회의 말미에 내용을 정리하고 모든 참가자들에게 감사 인사를 하고는 자리를 떠났다.

그러고 나서 즉시 회의에 참석했던 직원 중 한 명에게 짧은 쪽지를 썼다. 쪽지에는 논의 내용과 결론을 요약하고 회의 때 결정했던 과제를 간략하게 썼다(관련 주제를 놓고 회의를 한 번 더 열지 여부와 이슈를 좀 더 연구하자는 내용 등). 그는 과제 마감일과 함께 그 일을 맡을 적임자의 이름을 명시했다. 그러고 나서 회의에 참석했던 모든 이들에게 쪽지 복사본을 보냈다. 이 쪽지들이야말로—각각이 작은 걸작이라 칭할 만하다—슬론이 유례없이 뛰어난 경영진으로 발돋움하게 한 밑거름이었다.

유능한 경영진은 어떤 회의이든 성과가 있을지

아니면 완전히 시간 낭비일지 잘 안다.

심사숙고하고 "우리"라고 말하기

마지막 실천은 다음과 같다: 생각 없이 행동하지 말고 "나"라고 말하지 말라. 심사숙고를 하고 "우리"라 말해야 한다. 유능한 경영진은 그들이 지닌 책임이 얼마나 무거운지 잘 알고 있다. 그러한 책임감은 누구와 나눌 수도, 남에게 떠맡길 수도 없다. 그들이 권위가 있는 까닭은 조직에서 신뢰를 받고 있기 때문이다. 그 말은 그들이 자신만의 욕구와 기회를 생각하기 전에 조직의 욕구와 기회를 생각한다는 뜻으로 풀이된다. 단순하게 들릴지도 모르지만 그렇지 않다. 철저한 관찰이 필요하기 때문이다.

우리는 이제 막 유능한 경영진이 갖추어야 할 여덟 가지 항목을 살펴보았다. 이제 추가로 딱 하나만 더 이야기해보고자 한다. 너무나 중요한 항목이라 일부러 뒤에 남겨 두었다. 듣는 걸 먼저 하고, 그다음에 말하라.

유능한 경영진은 성격이나 강점, 약점, 가치관, 믿음에 따라 천차만별이다. 그런 그들의 공통점이라면 올바른 일을 완수한다는 것이다. 누군가는 태어나서부터 유능할 수도 있다. 그러나 회사의 요구는 비범한 능력으로 만족을 시키기엔 너무나 거대하다. 유능함은 훈련의 범주이다. 모든 훈련이 그러하듯이, 유능함은 배움을 통해 습득할 수 있다.

타고난 리더가 아니라 걱정되는가? 카리스마도, 제대로 된 재능도, 또는 남들이 모르는 비법도 없다고? 다 필요 없다. 리더십은 성격이나 재능과는 연관이 없다. 사실, 가장 뛰어난 리더들은 성격이나 태도, 가치관, 강점이 개인에 따라 너무나 다양하다. 외향적인 사람이 있는가 하면 은둔주의자도 있고, 성격이 느긋한가 하면 철두철미한 경우도 있다. 관대하거

나 인색한 사람도 있고, 계산적인가 하면 추정에 의
지하는 사람도 있다.

그렇다면 유능한 리더가 지니고 있는 공통점은
무엇일까? 그들은 올바른 일을 올바른 방법으로 완
수한다. 그러기 위해 다음과 같은 간단한 여덟 가지
규칙을 따른다.

- 무엇을 완수해야 하는지 물어보기
- 기업에 올바른 것이 무엇인지 물어보기
- 사업 계획을 개발하기
- 결정에 책임을 지기
- 문제가 아닌 기회에 주목하기
- 결실이 있는 회의를 진행하기
- 심사숙고하고 "나"가 아닌 "우리"를 말하기

이러한 규칙을 잘 적용하여 훈련한다면, 여러분은 자신에게 필요한 지식을 얻을 수 있고, 그 지식을 효율적인 실행에 옮길 수 있으며, 조직 전반에 걸쳐 확실히 신뢰를 쌓을 수 있다.

idea
note

유엑스 리뷰

유엑스리뷰는 쉽게 팔리는 책보다 오래 읽히는 책을 지향합니다.
오래 두고 읽을 수 있는 책, 앞서 나가는 리더를 위한
통찰을 담은 책을 만들기 위해 노력하겠습니다.